WITHDRAWN

D0771268

Moonstone Press

Editora de proyecto: Stephanie Maze
Directora de arte: Alexandra Littlehales
Editora: Rebecca Barns

FOTOGRAFÍA: Portada: © 2002 William Thompson/National Geographic Image Collection
Contraportada: © 2002 Fred Bavendam/Minden Pictures; Comenzando con la página con título:
© 2002 Mark Moffett/Minden Pictures; © 2002 Joel Sartore; © 2002 Mitsuaki Iwago/Minden
Pictures; © 2002 William Thompson/National Geographic Image Collection; © 2002 Alan G. Nelson/
Animals Animals; © 2002 Frans Lanting/Minden Pictures; © 2002 Mitsuaki Iwago/Minden
Pictures; © 2002 Frans Lanting/Minden Pictures; © 2002 Fred Bavendam/Minden Pictures;
© 2002 Frans Lanting/Minden Pictures; © 2002 Anup Shah/DRK Photo; © 2002 Steve Kaufman/
DRK Photo; © 2002 Lisa & Mike Husar/DRK Photo; © 2002 Konrad Wothe/
Minden Pictures; © 2002 George Grall/National Geographic Image Collection.

Este título es parte de la serie, *Momentos en el reino animal.*
Derechos Reservados © 2001 por Moonstone Press, LLC

Publicado en Estados Unidos por Moonstone Press,
7820 Oracle Place, Potomac, Maryland 20854

Todos los derechos reservados. Queda rigurosamente prohibida la reproducción total o parcial de
esta obra, por cualquier medio o procedimiento, comprendidos la fotocopia, cualquier medio
mecánico o fotoquímico, electrónico, magnético, electroóptico y el tratamiento informático, así
como también el archivo de esta información sin el permiso previo por escrito de la editorial.

Los permisos de reproducción deben ser enviados a:
Moonstone Press, 7820 Oracle Place, Potomac, Maryland 20854

ISBN 0-9707768-5-3
Library of Congress Cataloging-in-Publication Data
Momentos divertidos en el reino animal : los animales y sus amigos / [editora,
Stephanie Maze].—1a. ed.
p. cm.—(Momentos en el reino animal ; 3)
Summary: Photographs and simple text present a variety of animals in amusing poses
in their natural habitat.
1. Social behavior in animals—Juvenile literature. [1. Animals—Habits and behavior.]
2. Spanish language materials.] I.Maze, Stephanie. II. Moments in the wild ; 3
QL775 .A5218 2001
591.56—dc21   2001044707

First edition

10 9 8 7 6 5 4 3 2 1

Printed in Singapore

Momentos divertidos

en el reino animal

Los animales y sus amigos

En todo el mundo, los animales pueden ser divertidos.

Una **morsa** adormecida
se cubre los ojos, jugando
a las escondidas con el sol.

¡Todos a bordo! Estos **koalas** van a pasar un día divertido.

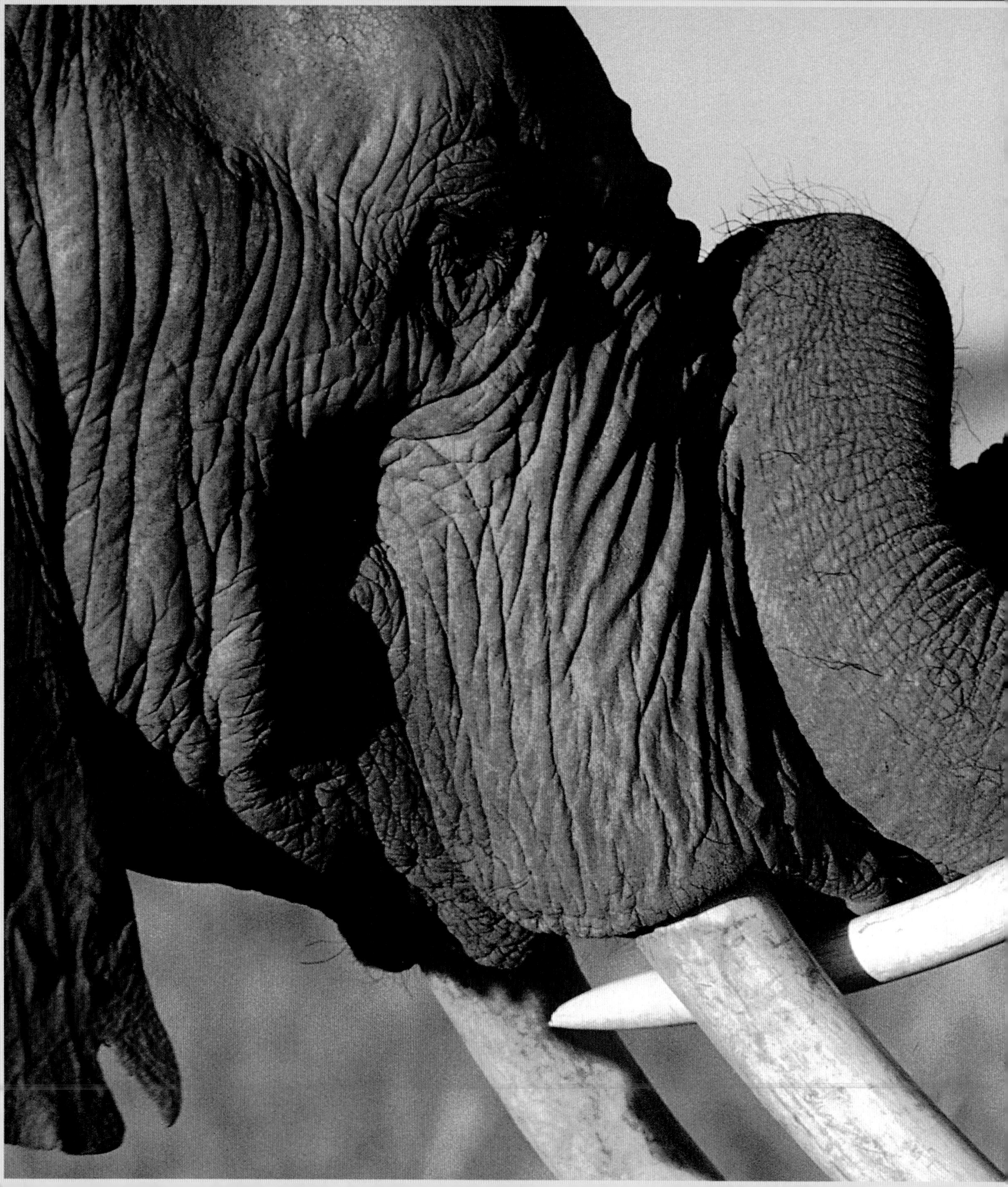

Dos **elefantes** enroscan sus trompas para saludarse.

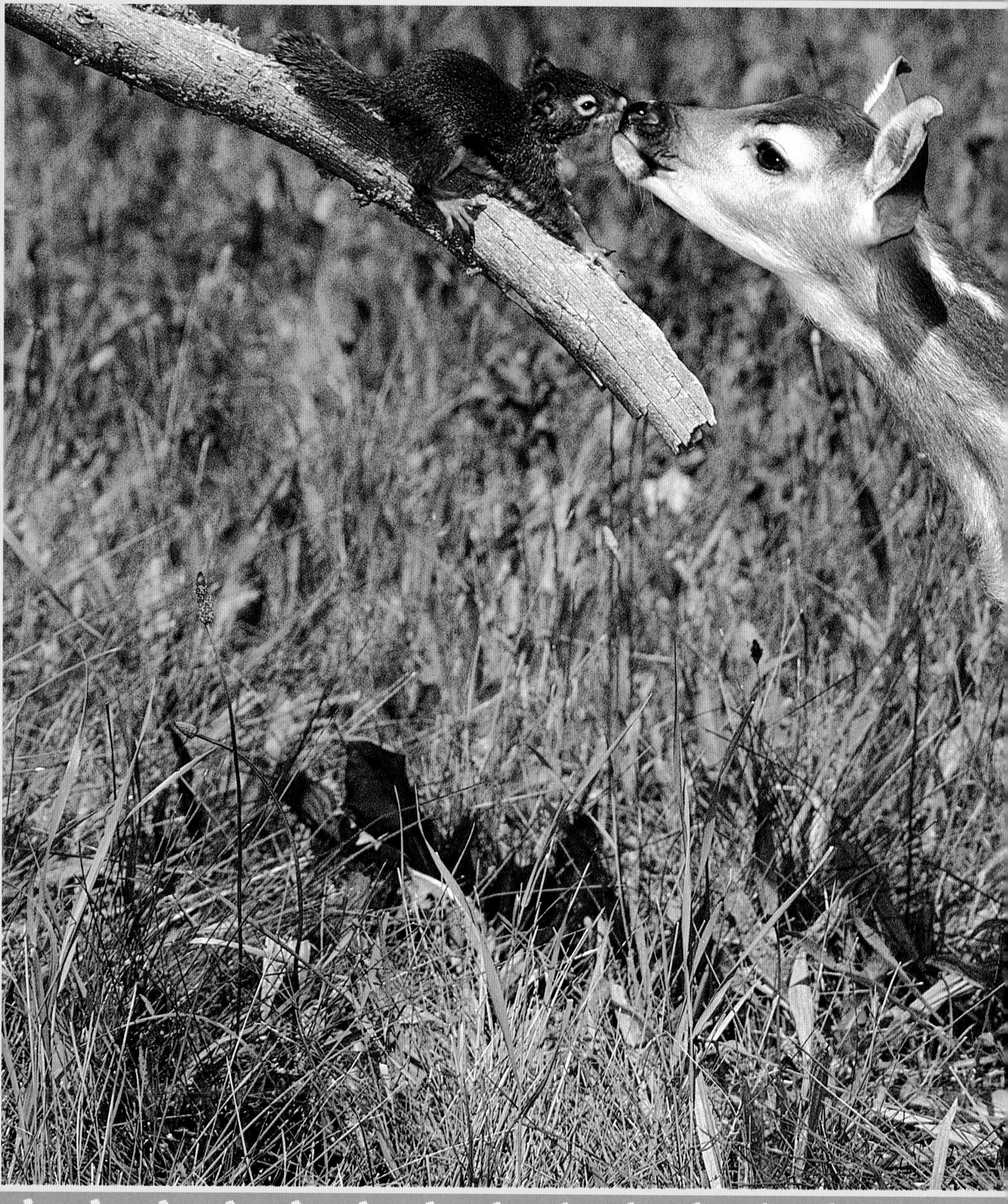

Un **cervatillo** y una **ardilla** joven se saludan con sus hocicos.

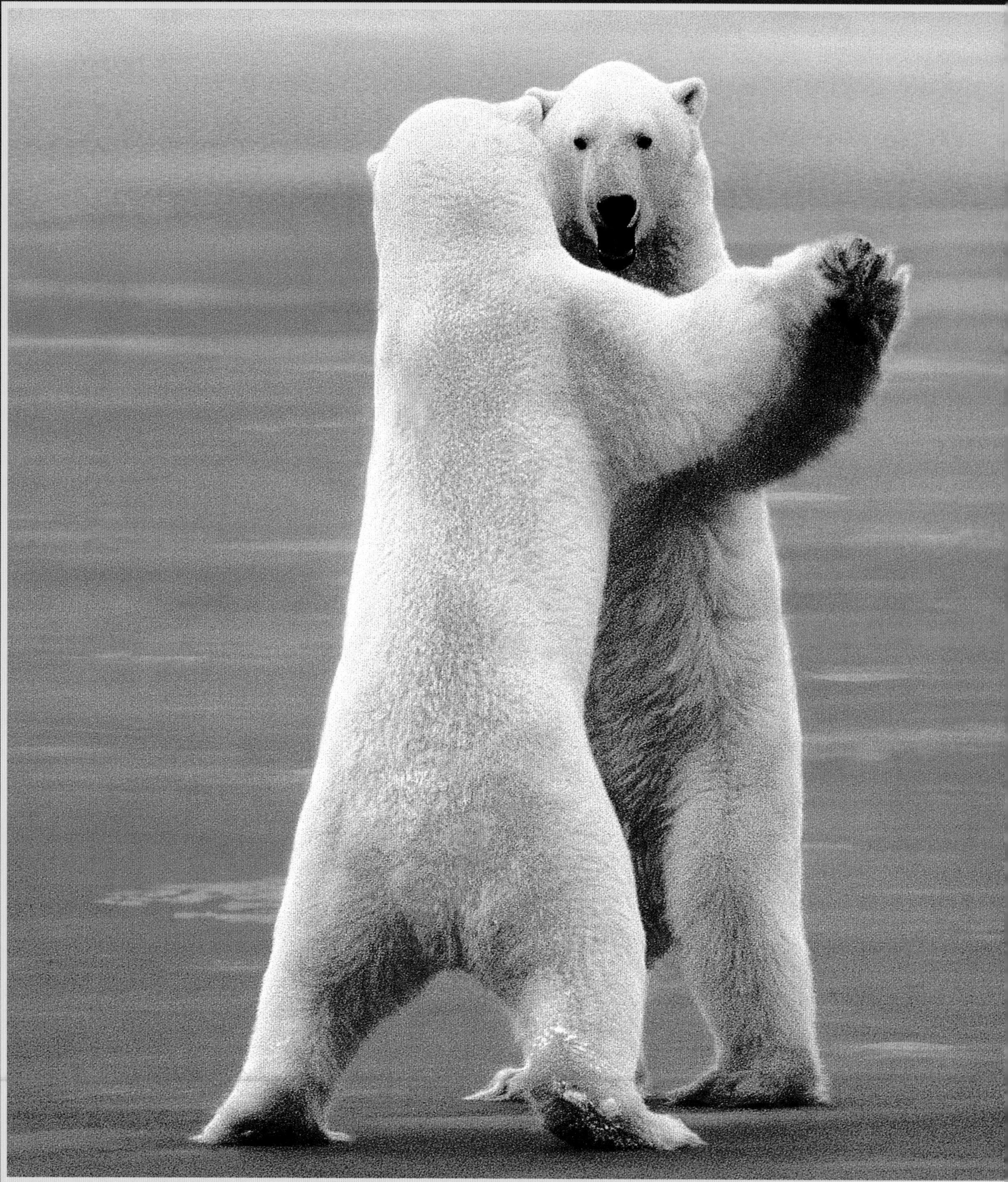

Dos **osos polares** bailan juntos sobre el hielo y miden sus fuerzas.

Un **canguro** se estira para descansar mientras piensa que hará después.

Los **jabalíes verrugosos** deciden cara a cara quién será el jefe.

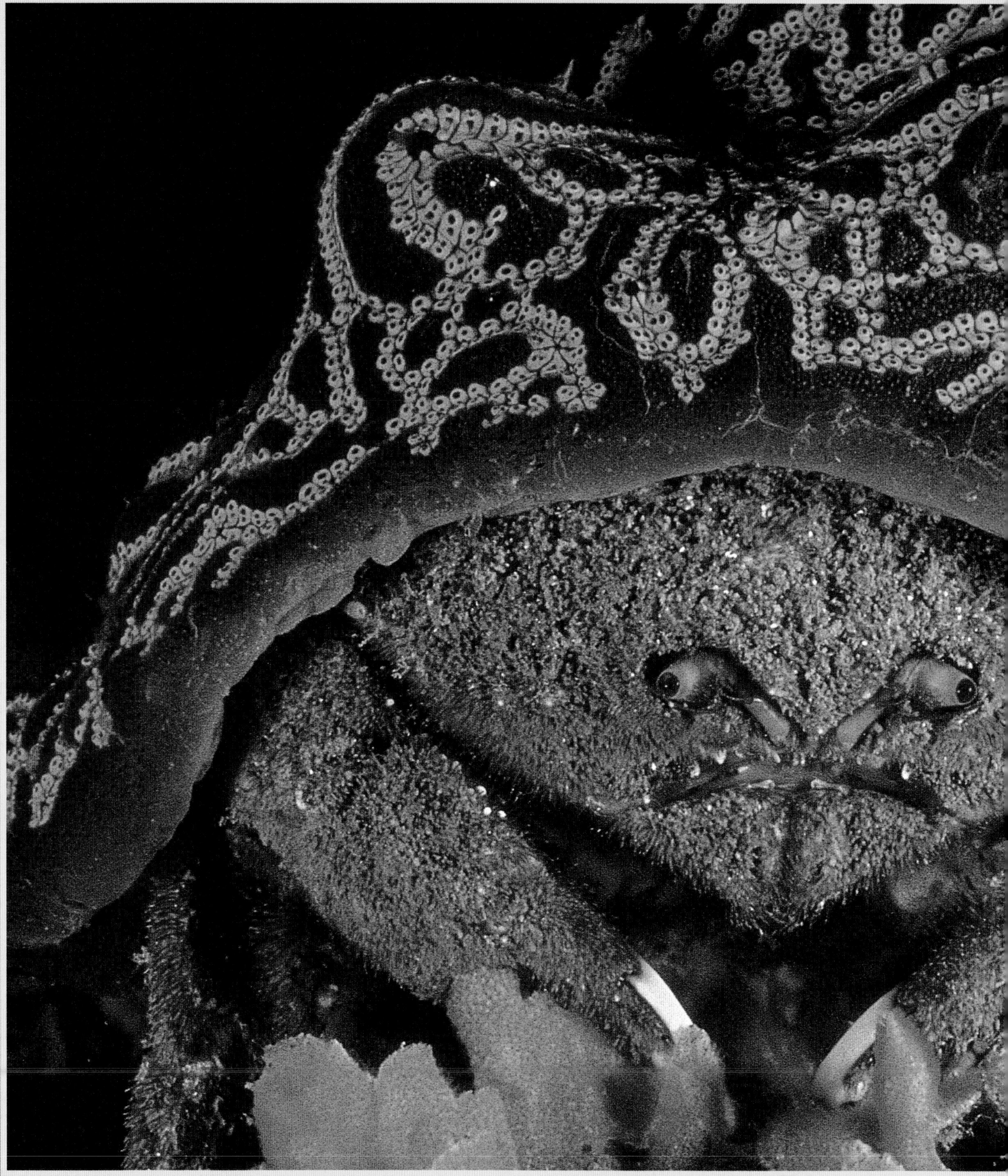

Un **cangrejo peludo** usa una concha marina como elegante sombrero para protejerse.

Un **camaleón** atrapa un insecto desprevenido con su lengua larga y pegajosa.

Para los juguetones cachorros de leon
la cola de la mamá es una diversión.

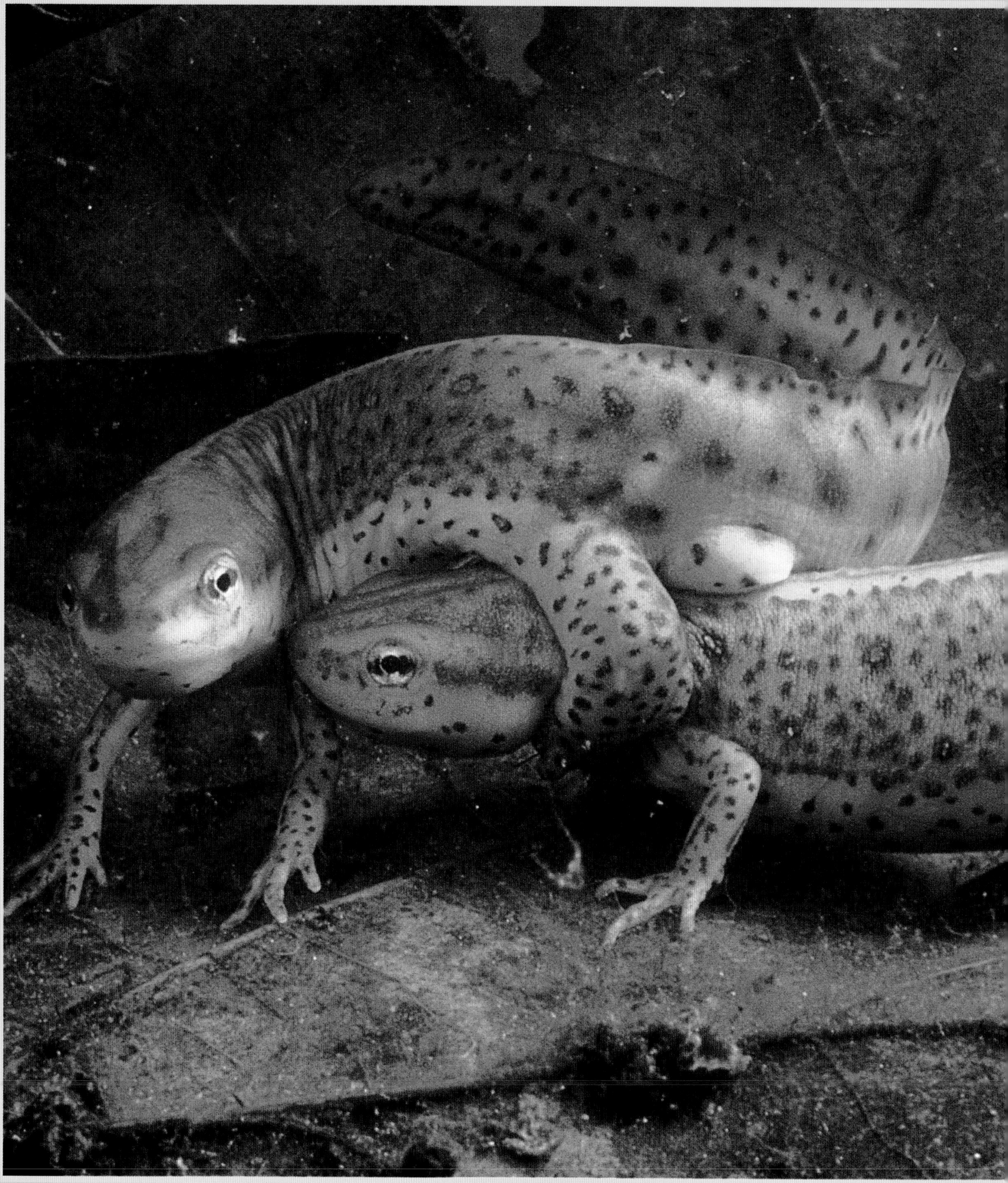

Dos **salamandras** practican lucha libre amigablemente bajo el agua.

Tres **macacos de las nieves** descansan mientras que un amigo los limpia.

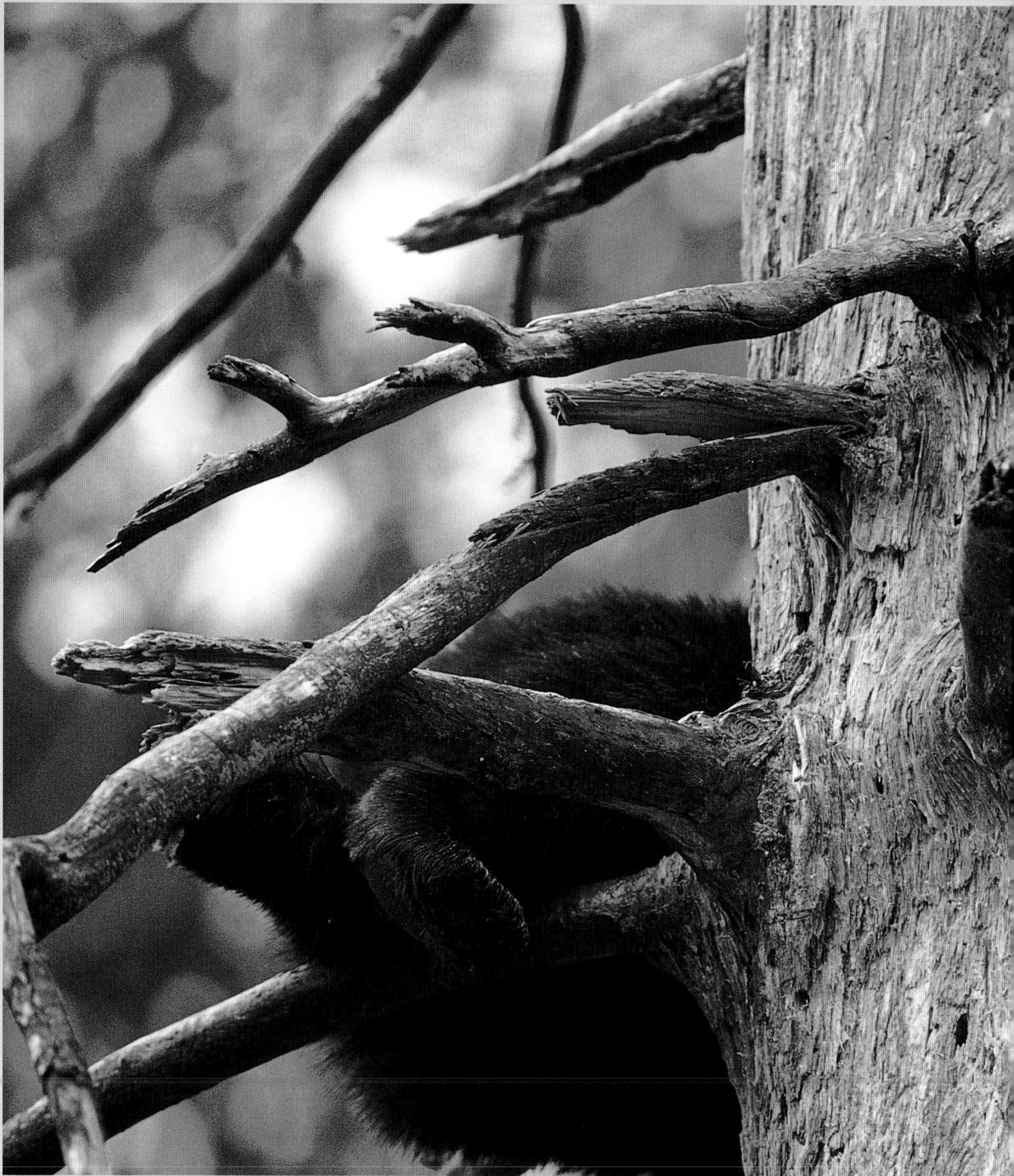

Un **oso negro** trata de dormir bien alto en el árbol.

Dos **lobos marinos**
alborotan ruidosamente
para defender su territorio.

En todo el mundo los animales—¡ y hasta humanos!—pueden ser divertidos.

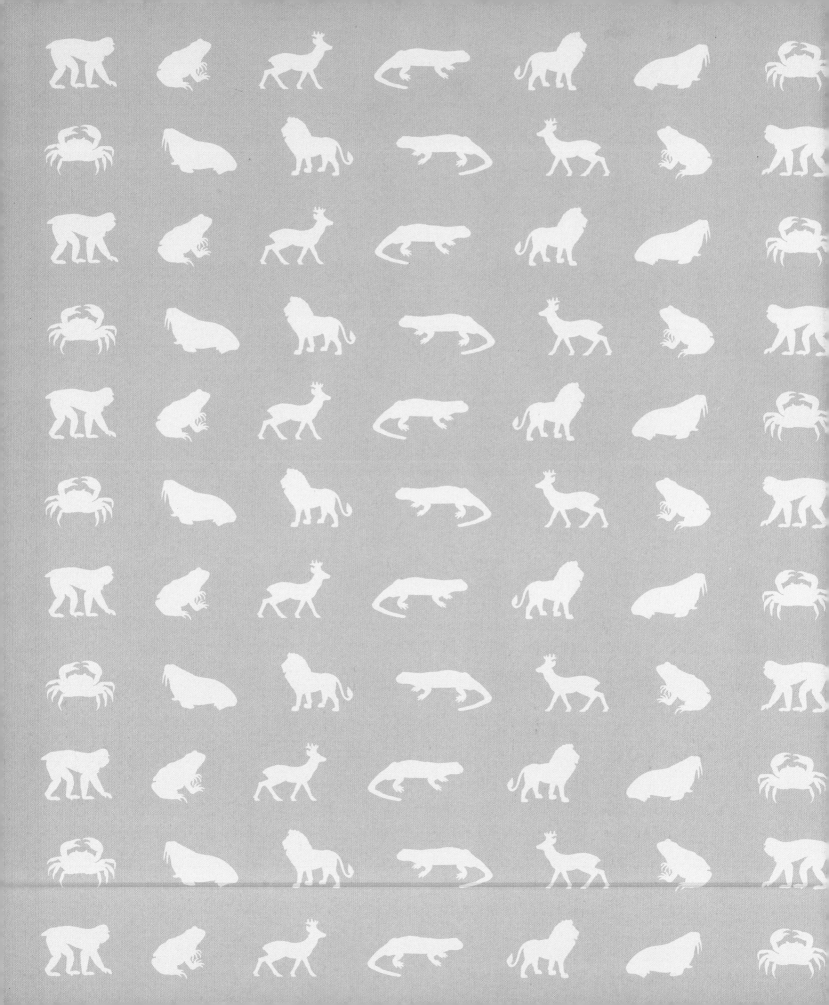